THE PIÑATA MAKER

El PIÑATERO

GEORGE ANCONA

HARCOURT BRACE & COMPANY   San Diego New York London

Requests for permission to make copies of
any part of the work should be mailed to:
Permissions Department,
Harcourt Brace & Company, 6277 Sea Harbor Drive,
Orlando, Florida 32887-6777.

Library of Congress Cataloging-in-Publication Data
Ancona, George.
The piñata maker = El piñatero/
George Ancona—1st ed.
p. cm.
Summary: Describes how Don Ricardo, a
craftsman from Ejutla de Crespo in southern
Mexico, makes piñatas for all the village
birthday parties and other fiestas.
ISBN 0-15-261875-9   ISBN 0-15-200060-7 (pb)
1. Paper work—Mexico—Ejutla (Oaxaca)—
Juvenile literature. 2. Piñatas. 3. Spanish
language materials—Bilingual. I. Title.
II. Title: Piñatero.
TT870.A475   1994
745.594'1—dc20   93-2389

Designed by George Ancona and Camilla Filancia
I H G F E D   L K J I H G (pb)

Printed and bound by Tien Wah Press, Singapore
This book was printed on Arctic matte paper.

Printed in Singapore

GRACIAS to the wonderful
people of Ejutla de Crespo,
Oaxaca, who helped me with
this book: Genoveva Rosales
Lopez and her family, who
introduced me to Don Ricardo;
and, of course, Don Ricardo
Núñez Gijón, his wife, Doña
Carmen Canseco Sierra, his
daughter, Señora Raquel
Núñez Canseco, his son-in-law,
Señor Enrique B. Ramírez
Sánchez, and his grand-
children, Isaac Enrique
Ramírez Núñez and Raquel
Ramírez Núñez.

Para Don Ricardo,
quien me enseñó mucho

— G. A.

Beto is taking old newspapers and brown paper cement bags to Don Ricardo, the village piñata maker. Don Ricardo, or Tío Rico as the children call him, is well known for his beautiful and unusual piñatas. He also makes decorations for the church and figures for processions.

Beto knocks on Tío Rico's door. He hears the tapping of a cane and the sound of shuffling feet inside the house. The door swings open.

Beto está llevando periódicos viejos y bolsas pardas de papel a Don Ricardo, el piñatero del pueblo. Don Ricardo, o Tío Rico como los niños le llaman, es bien conocido por sus lindas e inusuales piñatas. También hace decoraciones para la iglesia y las figuras de las procesiones.

Beto toca la puerta de la casa de Tío Rico. Oye los golpecitos de un bastón y el ruido de pies que se arrastran adentro. De repente la puerta se abre.

"Buenos días, Beto," growls a devil. Ay, what a scare! But Beto quickly realizes that Tío Rico is up to one of his usual pranks. He is trying on a mask he has made for a coming fiesta. The horns are real and come from the head of a ram.

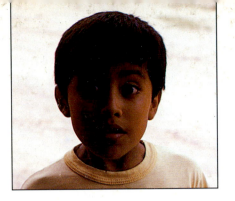

"Buenos días, Beto," gruñe un diablo. ¡Ay! ¡Qué susto! Pero Beto inmediatamente se da cuenta que Tío Rico está haciendo una de sus bromas familiares. Se está probando una máscara que acaba de terminar para una fiesta. Los cuernos son verdaderos y vienen de la cabeza de un chivo.

Quitándose la máscara con una carcajada, Tío Rico le da las gracias a Beto y le da unos pesos. Así Beto gana su dinero de bolsillo y Tío Rico consigue algún material que necesita.

Taking off the mask with a hearty laugh, Tío Rico thanks Beto for the package and gives him a few coins. This is how Beto earns his pocket money and how Tío Rico gets some of the materials he needs.

Don Ricardo is seventy-seven years old. He started creating piñatas fifteen years ago when his former job, making felt sombreros, became too hard for him. "I went to school," he says. "But I didn't learn very much. I liked to go to the river and play with my friends until one of our fathers would discover us and chase us back to school. My father was a hatter, and I left school to help him. After I married I started my own hat business.

"I think that working all those years in front of the hot fire gave me rheumatism," he continues, moving about the house with the help of a cane. "It gave me the money to build this house brick by brick, but it also made it hard for me to walk."

Don Ricardo tiene setenta y siete años de edad. Comenzó a hacer piñatas hace quince años cuando su negocio antiguo, el hacer sombreros de fieltro, llegó a ser demasiado difícil para él. "Fui a la escuela," dice él, "pero no aprendí mucho. Me gustaba ir al río y jugar con mis amigos hasta que uno de los padres nos encontraba y nos correteaba a la escuela. Mi papá hacía sombreros, y yo dejé la escuela para ayudarlo. Después de casarme, empecé mi propio negocio haciendo sombreros.

"Creo que trabajar todos esos años enfrente del fuego caliente me causó el reumatismo," él continúa, caminando por la casa con la ayuda de un bastón. "Esto me dio suficiente dinero para construir esta casa ladrillo por ladrillo, pero también me hizo difícil caminar."

Don Ricardo starts his day by making paste in the kitchen. He puts a small handful of flour into an old pot, adds enough water to make a thin paste, and breaks apart the lumps with his fingers. He adds kindling to the fire and fans it until the flames leap up. Then he puts the pot on the fire and stirs the mixture until it thickens. "Starch makes a better paste than flour," says Don Ricardo, "but it is scarce in town and very expensive."

〰〰〰〰〰〰〰〰〰〰〰〰

Don Ricardo empieza su día haciendo engrudo en la cocina. Pone un poco de harina en una vieja ollita, añade suficiente agua para hacer una mezcla aguada y con las manos deshace los grumos. Coloca pedacitos de madera sobre las ascuas del fuego y sopla hasta que se enciendan las llamas. Entonces pone la olla sobre el fuego y revuelve la mezcla hasta que se espese. "El almidón es mejor que la harina," dice Don Ricardo, "pero es escaso en el pueblo y muy caro."

Today Tío Rico is making a piñata in the shape of a swan. He begins by rolling dry banana leaves into a thick rod with a bulge at one end for the head. He wraps the rod in brown paper smeared with paste. Then he forms the neck into an **S**-shaped curve and places it in the sun. Old irons hold it in shape until it's dry.

Hoy Tío Rico está haciendo una piñata en la forma de un cisne. Empieza con enrollar hojas secas de planta de banano para formar un rollo con un extremo abultado para la cabeza. Lo amarra y lo envuelve con papel grueso embarrado con engrudo. Forma una "**S**" del pescuezo y lo pone al sol. Planchas antiguas mantienen la forma hasta que se seque.

Next Tío Rico covers the neck with white paper so the brown won't show through the outer layer of white crepe paper feathers. Then he makes a shallow cardboard cone, cuts it in the center, and glues it onto the base of the neck.

~~~~~~~~~~~~~~~~~~~~~~~~

Después, Tío Rico cubre el pescuezo con papel claro para que no se vea el color por la capa final de plumas blancas de papel crepe. Entonces hace un cono bajo de cartón, lo corta en el centro y lo pega a la base del pescuezo.

Tío Rico rolls another piece of cardboard into a large cone. He bends the end to form the swan's tail and wraps it.

Tío Rico enrolla otro pedazo de cartón en un cono grande. Dobla la punta para hacer la cola del cisne y la envuelve.

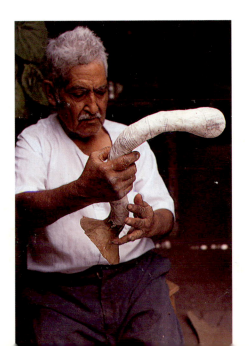

Using a pattern he designed, Tío Rico traces the shape of the wings onto cardboard and cuts them out. He covers these with paper, too.

Usando un molde que diseñó, Tío Rico calca la forma de las alas sobre el cartón y las corta. Cubre éstas con papel también.

Next he cuts out two cardboard triangles and bends them in the middle to form the swan's beak. Then he cuts out the feet, making them look as if they are paddling. These he also covers with paper.

Después, corta dos triángulos de cartón y los dobla por la mitad para hacer el pico del cisne. Después, corta las patas como si estuvieran chapoteando. Éstas también cubre con papel.

Entonces, Tío Rico hace dos pequeños círculos de las letras negras de las bolsas pardas. Pega un círculo a cada lado de la cabeza.

Then Tío Rico makes the swan's eyes, cutting out circles from the black letters on the cement bag. He pastes one circle on each side of the head.

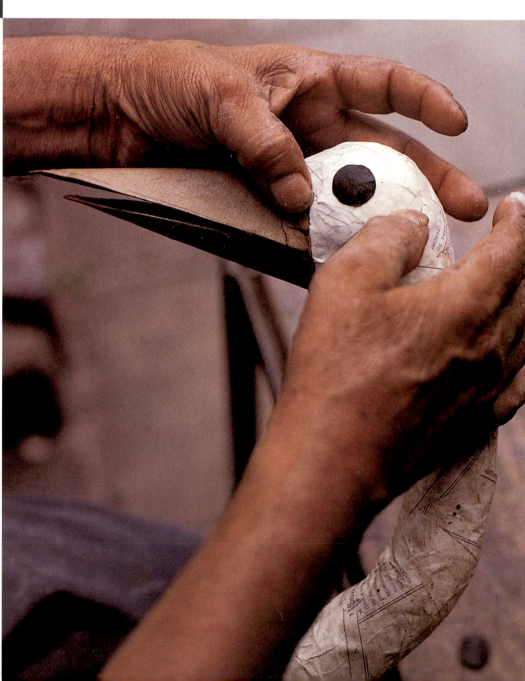

Back home Tío Rico ties some strong twine around the neck of the smaller pot, leaving some loose to form a handle.

En su casa, Tío Rico amarra una cuerda de bramante al cuello de la olla, dejando una parte suelta para formar una asa.

Tío Rico needs some pots for his piñatas. So he puts on his hat, takes up his cane, and sets off for the market. There he finds the two pots he needs, one larger than the other.

Tío Rico necesita algunas ollas para sus piñatas. Se pone el sombrero, toma su bastón y se va al mercado. Allí encuentra las dos ollas que necesita, una más grande que la otra.

In order to keep the swan's body round, he cuts off the collar of the pot, then glues newspaper all over the pot and the string.

~~~~~~~~~~~~~~~~~~~~~~~~~~~~

Para mantener la forma redonda del cisne, él corta parte del cuello de la olla. Entonces pega papel de periódico a toda la olla y la cuerda.

Next come the feathers. Using pinking shears, Tío Rico snips into a folded strip of white crepe paper and wraps it with glue onto the tail.

~~~~~~~~~~~~~~~~~~~~~~~~~~~~

Ahora se hacen las plumas. Usando una tijera de picos, Tío Rico corta tijeretazos en una tira doblada de papel de crepe blanco y la pega a la cola.

Then he pastes the neck and tail onto the body.

〰〰〰〰〰〰〰〰〰〰

Entonces pega el pescuezo y la cola al cuerpo.

He paints the beak yellow and the feet orange. After pasting the feet into position, Tío Rico adds more feathers to the body and wings of the swan.

~~~~~~~~~~~~~~~~~~~~~

Pinta el pico de amarillo y las patas de naranja. Después de pegar las patas en el fondo de la olla, Tío Rico agrega más plumas al cuerpo y a las alas del cisne.

When everything is dry, Tío Rico uses a nail to poke two small holes through the wings and the pot. With a large needle and strong thread, he secures the wings to the body.

~~~~~~~~~~~~~~~~~~~~~~~

Cuando todo está seco, Tío Rico usa un clavo para formar dos hoyitos en las alas y la olla. Con una aguja grande e hilo fuerte, sujeta las alas al cuerpo.

Tío Rico covers the knotted threads with more white crepe paper feathers and holds up the swan for inspection. "Well," he says, pleased with his work, "let's see who will break this one."

Another of Tío Rico's famous piñatas is ready for a fiesta.

~~~~~~~~~~~~~~~~~~~~~~~

Tío Rico cubre el hilo amarrado con más plumas de papel de crepe blanco y levanta el cisne para examinarlo. "Bueno," dice, satisfecho con su trabajo, "vamos a ver quién lo va a quebrar."

Otra piñata famosa de Tío Rico está lista para una fiesta.

Tío Rico also makes traditional piñatas, like the *piñata de picos*, the star piñata. Taking the larger pot, he ties some cord to it and covers it with newspaper. Then he makes four cardboard cones, the points of the star, and covers them with paper, too.

Tío Rico también hace piñatas tradicionales como la piñata de picos, o la estrella. Sacando la olla más grande, amarra una cuerda a ella y la cubre con papel de periódico. Entonces procede a hacer cuatro conos de cartón, las puntas de la estrella, y los cubre con papel de periódico también.

Tío Rico snips a half-inch cut into the base of each cone, folds back the flaps, and pounds them flat with a hammer. Then he glues the flaps to the sides and bottom of the pot.

~~~~~~

Tío Rico hace un tijeretazo de media pulgada en la base de cada cono, dobla las hojas y las aplasta con un martillo. Entonces pega las hojas a los lados y al fondo de la olla.

When the glue is dry, he pastes metallic paper to the point of each cone, the *pico*, so they will glitter.

~~~~~~~~~~~~~~~~~~~~~~

Cuando se seca el engrudo, pega papel metálico a la punta de cada cono, o al pico, para que reluzcan.

Tío Rico uses various colors of tissue paper for the star, cutting the paper into strips and gluing row after row of them onto the pot, just as he did for the swan. He then cuts long rectangles of colored tissue paper and pastes them together at two edges, which makes it easier to cut the whole stack into even strips.

Tío Rico usa varios colores de papel china para la estrella, cortando el papel en tiras y pegando fila después de fila de ellas sobre la olla, tal como hizo para el cisne. Entonces corta rectángulos largos de diferentes colores y los pega juntos por dos orillas, lo cual hace más fácil cortar todo el montón en tiras uniformes.

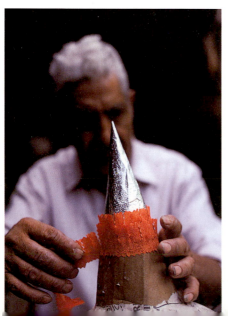

Gathering the strips together, he folds each one in half, making tassels. Then he sews one tassel to the tip of each point of the star. For the final touch, he cuts off the glued ends and lets the tassels fan out into colorful fringes.

Juntando las tiras, dobla cada una en mitad para hacer borlas. Después cose una borla a cada punta de los picos. Para el toque final, corta los extremos pegados para que se extiendan los flecos coloridos.

There is another knock at the door. Tío Rico gets up from his workbench to greet four boys who have come to pick up some of his *monos*, or puppets, for a birthday party. The boys will perform folk dances with the puppets. Tío Rico places the puppets over the boys' heads, and off they go to the party.

~~~~~~~~~~~~~~~~~~~~~~

Se escucha otro toque en la puerta. Tío Rico se levanta del banco de trabajo para saludar a cuatro niños que han venido a recoger unos monos, o títeres, para una fiesta de cumpleaños. Los muchachos van a bailar las danzas folklóricas con los monos. Tío Rico coloca los monos sobre sus cabezas y los muchachos se van a la fiesta.

At first I just made piñatas for my family and friends," explains Don Ricardo. "But then other people began to order piñatas for their parties. The first ones I made were simple — pots covered with colored paper. Then I started making them into shapes like vegetables, fruits, and stars. As I improved I began making more complicated piñatas, like flowers, birds, and animals."

Primero hacía piñatas sólo para mi familia y mis amigos," explica Don Ricardo. "Entonces otras personas comenzaron a encargarme piñatas para sus fiestas. Cuando empecé mis piñatas eran simples: las ollas con papel colorado. Entonces comencé a hacerlas en la forma de vegetales, frutas y estrellas. Cuando mejoré, empecé a hacer piñatas más complicadas, como flores, pájaros y animales."

A carrot piñata is very easy to make," he continues, taking a bean pot from the kitchen. Chuckling, he adds, "I'll buy my wife another pot."

He pastes a large cone onto the pot to make the carrot shape. Then he covers it with layers of newspaper, plain paper, and orange crepe paper. He glues a layer of green around the top and sews a tassel to the bottom — the carrot piñata is ready.

~~~~~~~~~~~~~~~~~~~~~~~~

La piñata de zanahoria es muy fácil hacer," continúa, sacando una olla de la cocina. Riéndose, añade, "Después le compraré otra olla a mi esposa."

Pega un cono grande a la olla para dar la forma de zanahoria. Entonces lo forra con varias capas de papel de periódico, papel sencillo y papel de crepe naranja. Pega una capa verde alrededor del cuello y cuando cose una borla al fondo: la piñata de zanahoria está lista.

Yet another knock at the door summons Don Ricardo from his workbench. Daniela and her mother, Señora Yolanda, have come to choose a piñata for Daniela's birthday party. Tío Rico shows them the swan and the star. Daniela admires the swan but picks the star. On the way home her mother asks why. "Because the swan is too pretty to break," says Daniela. With a mischievous smile, she adds, "And the star is bigger, so it will hold more sweets." They both burst out laughing.

Aún otro toque en la puerta llama a Don Ricardo de su banco de trabajo. Daniela y su madre, la señora Yolanda, han venido a escoger una piñata para la fiesta de cumpleaños de Daniela. Tío Rico les muestra el cisne y la estrella. Daniela admira el cisne pero escoge la estrella. Regresando a la casa, su mamá le pregunta por qué. "Porque el cisne es demasiado bonito para quebrar," dice Daniela. Con una sonrisa pícara, añade, "Y la estrella es más grande, así que cabrán más dulces." Las dos se hechan a reír.

Piñatas are filled with oranges, apples, tangerines, peanuts, walnuts, peaches, pieces of sugar cane, little toys, sweets, and sometimes confetti. They are a popular part of many festivities, including Christmas and, especially, birthdays.

Las piñatas se llenan con naranjas, manzanas, mandarinas, cacahuates, nueces, duraznos, trozos de caña, juguetes y, algunas veces, confetti. Son una parte muy popular de muchos festejos, incluso las Navidades y especialmente los cumpleaños.

Naturally, Don Ricardo and his wife, Doña Carmen, are invited to almost all the parties. At Daniela's party the heavily laden piñata is tied to a rope that stretches across the patio. The free end of the rope is held by someone strong enough to haul the piñata up and down.

~~~~~~~~~~~~~~~~~~~~~~~~~~~~~~~~

Por supuesto, Don Ricardo y su esposa, Doña Carmen, son invitados a casi todas las fiestas. En la fiesta de Daniela, la pesada piñata se amarra a una soga que se extiende por el patio. El lado suelto de la soga es sostenido por una persona suficientemente fuerte para jalar la piñata arriba y abajo.

One by one Daniela and her guests are blindfolded and take turns trying to hit the elusive piñata with a stick.

Uno por uno, Daniela y sus invitados, con los ojos vendados, toman su turno, tratando de pegar con un palo la piñata que se balancea en el aire esquivamente.

Finally the children hear the *crack!* of the clay pot, see a small shower of fruit and confetti, and charge ahead to grab everything they can.

Another guest is blindfolded and the partly broken piñata continues its merry dance as the stick searches wildly in the air. The rest of the children try to help, shouting: "Up!" "Down!" "To the left!" "To the right!"

Por fin, los niños oyen el ¡CRAC! de la olla de barro, ven una pequeña lluvia de fruta y confetti y se precipitan para recoger todo lo que puedan.

Otro invitado tiene los ojos vendados y la piñata debilitada continúa su alegre baile mientras el palo la busca frenéticamente en el aire. Los otros niños tratan de ayudar, gritando: "¡Arriba!" "¡Abajo!" "¡A la izquierda!" "¡A la derecha!"

Eventually someone succeeds and the piñata crumbles, releasing its contents in a cascade that brings all the children running. Small hands quickly pick the ground clean.

Eventualmente, alguien le da y la piñata se deshace, desprendiendo su contenido en una cascada a la que vienen corriendo todos los niños. Manos pequeñas dejan el suelo limpio.

Now the music begins, and Tío Rico places the puppets over the boys' heads. The boys begin to kick and stomp to the beat. The guests laugh and applaud as the figures spin and twist. When the music stops, the sweaty, breathless boys take their bows, and Tío Rico helps them off with their puppets.

Ahora empieza la música y Tío Rico pone los monos sobre las cabezas de los niños. Los niños empiezan a bailar y zapatear al ritmo. Los invitados se ríen y aplauden mientras las figuras giran y se cruzan. Cuando termina la música, los muchachos, sudando y con falta de aliento, se inclinan para agradecer los aplausos y Tío Rico les ayuda a quitarse los monos.

As Tío Rico takes his leave, he turns to look at the remnant of his beautiful piñata, and he smiles, knowing that it is proof of a very happy birthday fiesta.

Al despedirse, Tío Rico se voltea para ver los restos de su bonita piñata y se sonríe, sabiendo que es prueba de una muy feliz fiesta de cumpleaños.

NOTA DEL AUTOR

Mis hijos, Lisa, Gina, Tomás, Isabel, Marina y Pablo, se divertían quebrando piñatas en sus fiestas. No teníamos mercados donde podíamos comprar ollas para hacer piñatas, así que usábamos cajas de cartón, con las cuales hacíamos formas que cubríamos con papel. También se pueden usar globos inflados cubiertos con cartón piedra. Cuando está seco el papel, se pinta y corta un agujero para llenar la piñata con dulces.

AUTHOR'S NOTE

My children, Lisa, Gina, Tomás, Isabel, Marina, and Pablo, all enjoyed breaking piñatas at their parties. We did not have a market where we could buy pots to make the piñatas, so we used cardboard boxes, which we made into shapes and then covered with paper. You can also use inflated balloons covered with papier-mâché. When the paper is dry, paint it, then cut a hole to fill the piñata with goodies.